匠心手艺·民间美术教学
经典课例

胡小仙◎主编

浙江人民美术出版社

图书在版编目（CIP）数据

匠心手艺·民间美术教学经典课例 / 胡小仙主编
. -- 杭州：浙江人民美术出版社，2019.11（2020.12重印）
ISBN 978-7-5340-7626-8

Ⅰ. ①匠… Ⅱ. ①胡… Ⅲ. ①民间美术－美术教育－
教案(教育)－小学 Ⅳ. ①G623.752

中国版本图书馆CIP数据核字（2019）第212674号

责任编辑： 陈辉萍
责任校对： 余雅汝
责任印制： 陈柏荣

顾　问：朱国华

主　编：胡小仙

副主编：陈辉萍　李梦航

编　委：陈　曦　沈笑玲　陆圆圆　徐鸿雁　王思佳

　　　　吴　赟　木楠浩　赵婷婷　顾雨薇　狄干杰

　　　　叶　晶　张敏仓　郭艳妮　吴晨晨　马　琳

　　　　侯　斌　李斐斐　毛飞杰

匠心手艺·民间美术教学经典课例

胡小仙　主编

出版发行：浙江人民美术出版社
地　　址：杭州市体育场路347号
经　　销：全国各地新华书店
制　　版：杭州真凯文化艺术有限公司
印　　刷：杭州佳园彩色印刷有限公司
开　　本：889mm×1194mm　1/16
印　　张：15.75
字　　数：150千字
版　　次：2019年11月第1版
印　　次：2020年12月第2版印刷
书　　号：ISBN 978-7-5340-7626-8
定　　价：158.00元

如发现印装质量问题，影响阅读，请与出版社营销部联系调换。

目录

课程介绍

　　中国的民间艺术历史悠久，种类繁多，成就巨大。从经典的彩陶、青铜器、青花瓷到民间的泥塑、皮影、面具……其艺术思想与成就无不登峰造极。

　　徜徉在这些瑰宝中，不仅能给予孩子们艺术学习最好的养分，而且可以极大地提升他们的审美素养，增强其对中国传统艺术的热爱和对民族文化的自信。基于此，我们开发和设计了这套课程：整套课程从课堂教学的需要出发，以立体彩绘为主要创作方式，结合作品欣赏与技艺学习，鼓励孩子大胆表现与创造。同时，在认真地描摹与写意中，提高手作技艺，培养匠心精神。

　　为了使孩子们的学习系统化，课程的编排采用了单元的形式，若能配合教学参考资料、教学视频、教学课件、配套材料等，将会更好地帮助老师很好地完成教学活动。同时，孩子们完成的作品不仅可以作为很好的收藏品，还可用于学校特色发展、美术展览、环境布置等，具有良好的效果。

01

壁画雕像

远古岩画

粗犷质朴的远古岩画是中国绘画之源，是人类祖先以石器、木棍等作为工具画在岩石上的画像，来描绘、记录他们的生产方式和生活内容。它是人类社会的早期文化现象，是人类先民们留给后人的珍贵文化遗产。

● **欣赏感受**：古人在岩壁上画的画面和我们平时看到的画有什么不一样？带给你怎样的特别感受？

●**观察发现**：原始岩画表现的是什么样的场景？说说，画中都有什么？

仔细观察，
岩壁有怎样丰富
的颜色和肌理？

创作方法

$\dfrac{1 \mid 2}{3}$

1.用黑色和红色的油画棒在宣纸上画出要表达的图像，注意图像表达要有疏密关系，同时具有故事性。

2.把画好的纸揉皱，再展开。

3.在画的正面用深色颜料干擦出岩石的肌理；用墨汁及赭石、花青、藤黄等国画颜料加水在画的背面染出自己喜欢的岩石颜色。

学生作品

02

石窟造像

壁画雕像

石窟艺术造像是卓越的艺术珍品，它凝聚了深厚的宗教感情，体现了鲜明的时代特征，展示了一幅幅历史画卷，是中国古代传统文化艺术的瑰宝。

● **欣赏感受**：欣赏我国著名的石窟造像，了解其历史与文化，感受其艺术风格与特点。

仔细观察，佛像人物的神情有什么特点？

● **观察发现**：这两种佛像的雕刻方法有什么不同？

创作方法一

$\dfrac{1\ \mid\ 2}{3}$

1.在厚灰卡纸上用白色油画棒勾线打稿。

2.用重彩油画棒铺好主体的色彩。

3.表现主体的明暗变化,进行深入刻画。用乳胶混合泥土和颜料,用刮刀表现背景,制造出石窟沧桑的肌理效果。

学生作品

创作方法二

1.用铅笔用力在KT板上刻画造型，掰掉多余的KT板。将石窟粘贴在石窟造型的底板上（提前用两层KT板制作石窟，并用各种工具制作出石窟的肌理效果），注意石窟的大小变化。

2.涂刷岩石的色彩，然后用半湿毛巾擦出深浅变化，完成最终效果。

学生作品

创作方法三

用水墨造型方法表现。

学生作品

佛　徐晨星１０岁画

03

敦煌彩塑

壁画雕像

敦煌彩塑技艺是一种古老的中国传统雕塑工艺，其技艺之精，世所罕见。敦煌彩塑是敦煌石窟的主体。因石窟开凿在砾岩上，不能雕刻，便采用泥塑的传统方法塑像。敦煌彩塑最突出的艺术特点是整窟塑像和壁画互为一体，互相补充。

●欣赏感受：了解敦煌彩塑的历史与文化，感受其艺术特点与魅力。

佛像的表情有什么特点？会让你想起什么？

●**观察发现**：观察敦煌彩塑形象精致的纹样及装饰物，说说它们的样子。敦煌彩塑色彩非常好看，你发现了吗？

创作方法

1	2	3
	4	

1.用铅笔或签字笔进行线描写生，注意画面的构图和佛像的姿态。

2.用水彩湿画法铺出主体人物大体的色调。

3.底色干后，用水彩干画法刻画人物细节。

4.采用湿画法铺上背景色调，调整画面。

敦煌彩塑佛像 李释然 7月14日

04

壁画雕像

敦煌飞天

敦煌飞天是敦煌莫高窟艺术的标志。敦煌飞天就是画在敦煌石窟中的飞神，后来成为中国独有的敦煌壁画艺术的一个专用名词。敦煌飞天是中国艺术家最天才的创作之一，是世界美术史上的一个奇迹。

●**欣赏感受**：了解敦煌飞天的艺术特点及表现手法，感悟传统造型艺术的魅力，加深对中华传统文化和历史的认识。

这些敦煌壁画的色调
有什么不一样?

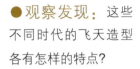

●观察发现:这些
不同时代的飞天造型
各有怎样的特点?

●观察发现：古人是如何让"飞天"飞起来的？

飞天画面中的飘带和祥云。

创作方法

1.材料准备：毛笔、墨汁、国画颜料、敦煌莫高窟壁画图片、细沙、白乳胶、立德粉、油画框或木板、刮刀、刷子等。

2.将细沙、白乳胶、立德粉调和在一起，用刷子迅速地刷在油画框上，风干。

3.用毛笔勾勒临摹的线稿。

4.蘸国画颜料或水粉颜料，将线稿上色。

5.给背景上色。

6.细节刻画，调整画面，最后完成作品。

05

雕梁画栋

大宅府邸

雕梁画栋是中国古代的一种建筑彩绘装饰艺术。中国的古代建筑特别注重彩绘装饰，不同位置有着不同的装饰手法，雕梁画栋绝对是中国古建筑的重要标志之一。

●**欣赏感受**：感受中国古建筑雕梁画栋的独特艺术魅力，了解我国传统建筑的构造。

●观察发现：观察雕梁画栋的色彩，说说主要采用了哪些颜色来彩绘。

●观察发现：你发现了雕梁画栋上哪些好看的装饰纹样？纹样的排列有什么规律？

创作方法

1 | 2 | 3
———
4

1.在木板或厚卡纸上平涂底色。

2.底色干后，用铅笔打线稿。

3.用水粉颜料上色并细致地刻画，从浅色到深色认真地描绘与装饰，注意纹样的层次和颜色搭配。

4.拼搭组合。

小技法：待颜料干后，上一层水晶胶，不仅会使雕梁画栋的结构更牢固，更能保持长久的光泽感。

卡纸折叠效果（上）；木板拼搭效果（下）

06

大宅府邸
辅首衔环

辅首俗称怪兽衔环，多使用兽面纹样，多为饕餮、狮、虎、螭龙等凶猛兽类，有的还带着吉祥符号，如外沿圈以如意纹，或镂出蝙蝠图形，是最传统的中国门饰之一，它展现了一种无形的威严。

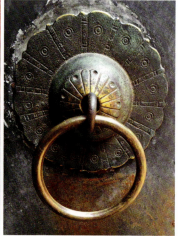

● **欣赏感受**：了解辅首的历史与文化，观察其基本构造和外形特点。

● 观察发现：你最喜欢
哪种辅首的样式，为什么？

创作方法

1.材料准备：纸盘、黑色超轻泥、笔
刷、铁丝、金色丙烯、红色卡纸。

2.用纸盘和铁丝做基本的形状，
也可以用超轻泥直接捏塑。

3.用黑色超轻泥做出五官以及
周围的花纹。

4.制作细节，用牙签、铅笔、刻刀等工具雕刻装饰细节。

5.用金色涂擦，表现出古铜的
效果。

学生作品

学生作品

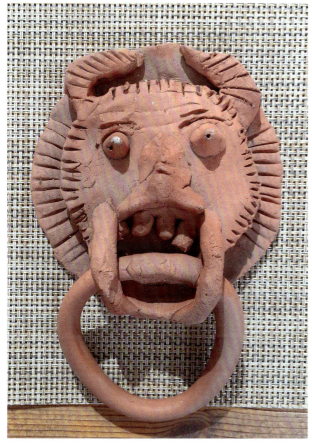

07

大宅府邸
司门守卫

司门守卫之神，即门神，是农历新年贴于门上的一种画。人们将神像贴于门上，用以辟邪驱鬼、卫家宅、保平安、助功利、降吉祥等，是中国民间最受人们欢迎的保护神之一。每到春节前夕，家家户户贴对联和门神，祈福来年。

●**欣赏感受**：说说门神的人物造型和构图特点，了解与门神有关的历史与文化习俗。

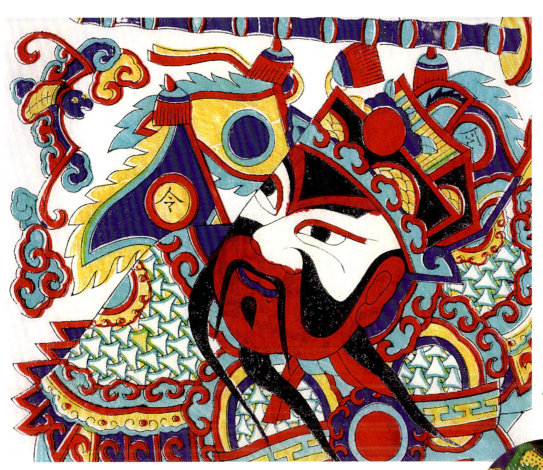

●观察发现：
门神的面容带给
你什么感受？

●观察发现：你发现门神
的服饰有什么纹样和规律？

创作方法一

1.用有变化的墨线表现门神的造型，可以加上自己想象的细节。

2.在墨色干后设色，注意门神画色彩的特点。

创作方法二

1.宣纸叠加复写纸后对折，用铅笔用力在宣纸上画出形象。

2.打开后，用毛笔着色，沿中间剪开。

学生作品

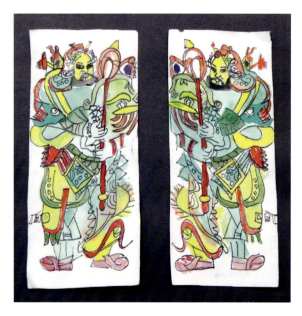

莹 十二岁 画于东园小学

08

大宅府邸
古典宅门

门是中国建筑的一个重要部分，在历史的发展中又衍生出丰富的文化内涵。独特的中国建筑文化因"门"而更显独特，老宅门就像历史的扉页，每一扇都记录着一段渐行渐远的故事。

●**欣赏感受：** 了解老宅门的历史与文化，说说老宅门的结构与特点。

●观察发现：仔细观察门的细部装饰，如门钉、门簪、门神、门钹等，有什么特别的感受与发现？

●观察发现：门上的铆钉具有使门牢固与美化的作用，铆钉组成的纹样有什么特别的意义吗？

创作方法

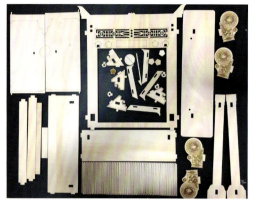

1	2	3
4		5
	6	

1.材料准备：老宅门模型板一套。

2.组装材料。

3.根据自己喜欢的风格刷上底色。

4.色彩装饰，可以用金色立体颜料点出铆钉的效果。

5.贴上一副楹联和门神

6.作品完成。

学生作品

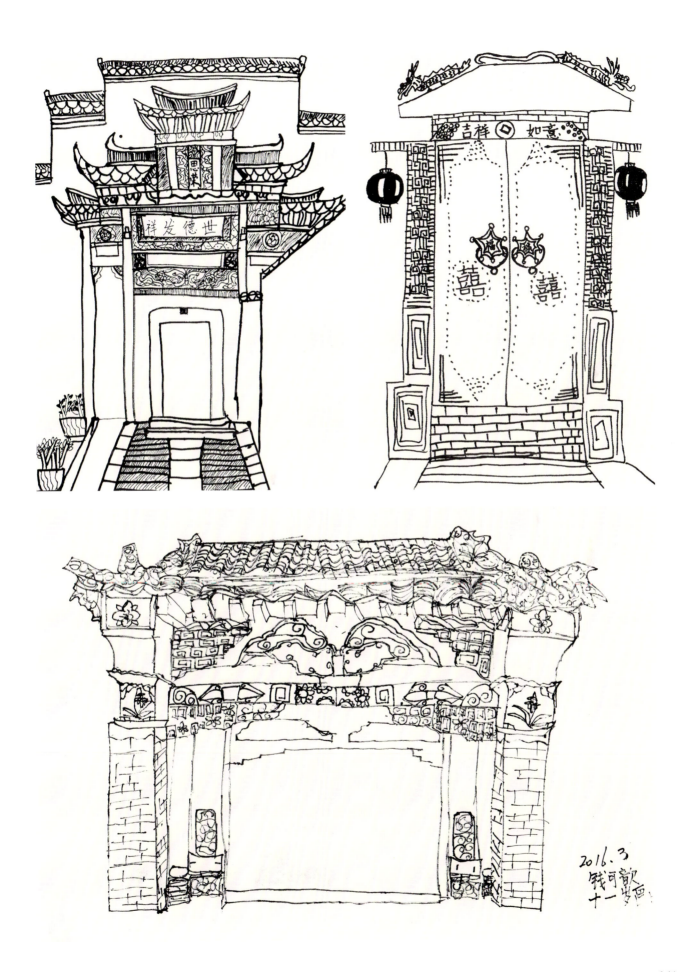

09

彩锦云肩

雅韵服饰

云肩，是古代置于肩部的装饰物，常用四方四合云纹装饰，并多以彩锦绣制而成，如雨后云霞映日，晴空散彩虹，故称之为云肩。云肩，是中国服装史上平面与立体设计巧妙构思的典范。

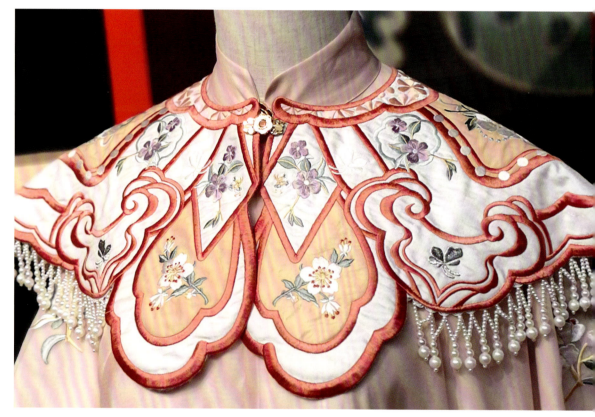

● **欣赏感受：** 了解云肩的工艺特色和历史传承，感悟云肩蕴含的人文内涵。

●观察发现：仔细观察云肩的样式。

●观察发现：这些云肩上绣着些什么纹样？你知道它们的寓意吗？

创作方法一

1	2
3	
4	

1.用毛笔勾描云肩纹样，注意线条浓淡、粗细的变化。
2.把纸揉皱。
3.用干的毛笔蘸色在纸的表层皱擦出肌理效果。
4.用湿润的毛笔染色，重色提花纹，完成作品。

学生作品

1	2
3	
4	

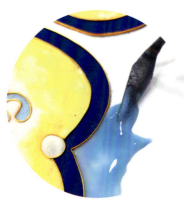

1.用铅笔打稿。

2.竖用金丝，用小镊子掐丝并粘牢固。

3.用刮刀均匀地平铺预调好的彩色薄沙（用沙胶与细沙调和），让颜色自然过渡。

4.添加背景，作品完成。

10

旗服座屏

雅韵服饰

旗服，又叫"旗装"，有琵琶襟、大襟和对襟等几种不同样式，采用多种颜色和图案的丝绸、罗纱或棉麻衣料制成，有的将旗装面上镶成一组图案，更在衣襟、袖口、领口、下摆处镶上多层精细的花边。大襟衣是我国的传统服装，历史悠久，庄重典雅。

● **欣赏感受**：了解旗服的历史和文化，体会旗服的历久弥新，庄重典雅。

● **观察发现**：仔细观察旗服款式有什么明显的特点，你喜欢这样的旗服吗？说说自己的理由。

● **观察发现**：旗服上都有哪些纹样？说说它们的寓意。
这些纹样是如何排列的？有什么规律？

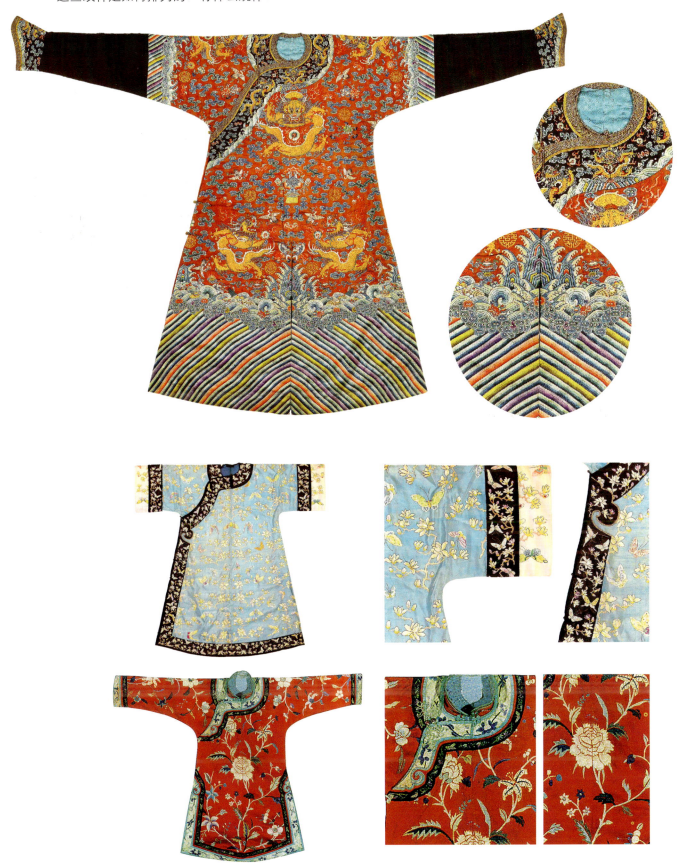

创作方法

 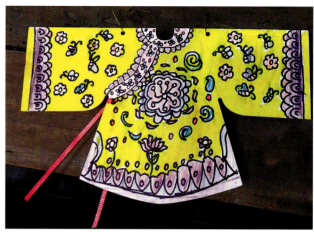

1	2
3	

1.在厚卡纸上剪出大襟的基本形状（短款或长款都可以），用签字笔勾出纹样的轮廓。
2.用水彩或马克笔上色。
3.利用支架进行展示。

学生作品

11

雅韵服饰

绣花肚兜

肚兜，中国古代的一种内衣款式，又称"抹胸"，一般做成菱形。上方用布带系在脖颈上，中间的两侧有带子可系于腰间。肚兜虽小，但上面有各类精美的刺绣，装饰纹样充满了文化寓意，独具东方魅力，在众多古典服饰中独树一帜。

●**欣赏感受：**了解肚兜文化和精美的刺绣工艺，感悟东方服饰的魅力。

●**观察发现：**这些绣花肚兜纹样表现了怎样的主题和寓意？说说它们的色彩搭配。

创作方法

1.用厚卡纸剪出肚兜的底板，平涂底色。

2.画出主体形象的基本色调。

3.刻画细节。

4.添加背景纹样。

5.穿好绳子，作品完成。

12

非遗绒花

雅韵服饰

绒花，是由绢、绒、纱等制成的人造装饰物。绒花谐音"荣华"，寓有吉祥祝福之意，可以增添节日的欢乐气氛。因而，每逢"一事三节"（即婚嫁喜事和春节、端午、中秋），民间普遍有用绒花作装饰的习俗。

●**欣赏感受：**了解绒花的历史文化、制作工艺，欣赏其独有的材质美与造型意趣。

●观察发现：这些绒花的色彩搭配有什么规律？好看在哪里？

●观察发现：你发现了怎样的不同制作方法和规律？这些绒花饰品是如何制作而成的？

创作方法

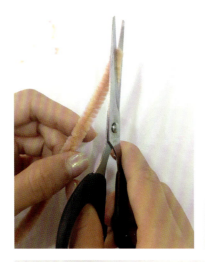

1	2	3
	4	

1.准备材料，修剪绒棒。

2.把修剪好的绒棒排列好，在中心处用金色软铁丝绑
起来。用花心材料和绒棒制作一个花心。

3.将花心和花瓣组合成型。

4.安装簪子，完成作品。

学生作品

皮影戏，又称"影子戏"或"灯影戏"，是中国民间的一门古老传统艺术。以兽皮或纸板做成的人物剪影，在灯光照射下用隔亮布进行表演，是我国民间广为流传的傀儡戏之一。皮影被称为"民间艺术的活化石""有声电影的鼻祖"。

童玩杂艺

灯魅皮影

● **欣赏感受：**了解皮影的历史起源、表演形式和传统制作工艺。

皮影人物的头部形象。

● 观察发现：皮影形象重视纹样的装饰效果，装饰纹样非常丰富，包含植物、动物、几何图形等各类中国传统纹样，你发现了吗？

创作方法

  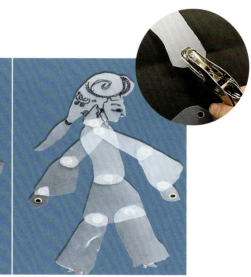

1.用磨砂塑料片或牛皮剪造型。 2.用塑料绳或子母扣连接关节。

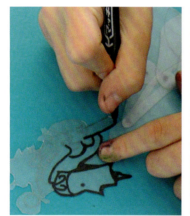  

3.用油性记号笔设计图案。 4.用马克笔上色。 5.装上操作杆。

学生作品

学生作品

中国皮影

皮影艺术是一种古老的传统民间艺术，是一种传扬民族风俗文化体现人们精神生活的独特艺术，形式皮影之美 美在自然

美在和谐 美在文化

郑煜 十一岁画 二〇一九年七月于杭州

皮影 莫佳玲 十岁 作于东园

中国皮影 周逸琳 小岁 画

14

童玩杂艺

威武泥虎

泥老虎除了作为孩童的玩具外，还因其威武的造型、鲜艳的色彩，成为镇宅吉祥物。泥叫虎和泥老虎是具有浓郁乡土气息的一种民间泥塑，也是形、色、声、动俱佳的民间工艺品。

●欣赏感受：了解泥老虎的传统制作工艺和彩绘方法。

●观察发现：

这件泥塑坐虎作品身上有哪些好看的纹样？有怎样的寓意和颜色特点？

●观察发现：泥座虎的五官有什么特点？

创作方法

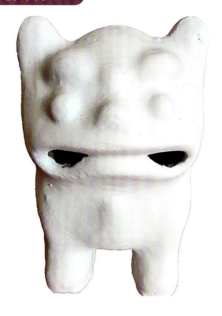

1.准备泥老虎白坯。
2.从浅色到深色画泥老虎的花纹，也可用铅笔起稿，再着色。用黑色点睛，勾画纹样细部，作品完成。

学生作品

学生作品

15

童玩杂艺

提线木偶

提线木偶戏，古称"悬丝傀儡"，又名"线戏"。表演时，木偶人各关节部位连着线，艺人用线牵引木偶表演，细腻传神，技巧高超。历经千年不间断的传承和积累，提线木偶形成了一整套精巧成熟的操线功夫和精美绝伦的偶头雕刻技艺。

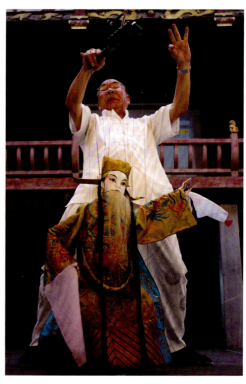

●**欣赏感受**：了解提线木偶的历史与文化，了解其独特的艺术表演方式和制作方法。

● **观察发现**：欣赏提线木偶戏，说说你的感受与发现。

可以借鉴戏曲、皮影、剪纸等来设计纹样。

创作方法

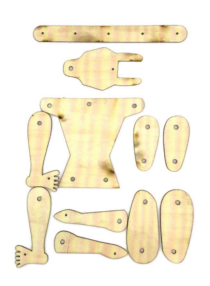

$$\frac{1 \quad | \quad 2}{3}$$

1.材料准备：提线木偶模型一套。铅笔勾线起稿，用子母扣连接关节。
2.用记号笔和水粉勾线上色。
3.完成作品。

可以与同伴一起表演哦！

学生作品

16

童玩杂艺

布艺老虎

布老虎是中国传统的民间布制玩具，它与中国民间风俗有着极为密切的关系。布老虎神态、造型夸张变形、色彩鲜艳、寓意美好，是民间艺人勤劳智慧的结晶。布老虎已被列入第二批国家级非物质文化遗产名录。

● **欣赏感受：** 了解布老虎的历史源流和制作方法，感受其独特的艺术魅力。

● **观察发现**：你发现这些布老虎造型是如何被夸张和装饰的了吗？建议欣赏韩美林的作品，说说他的表现方法。

创作方法

1｜2
3

1.直接用没骨的方法画出布老虎的基本造型。
2.用墨线画出结构线和花纹，然后用厚的颜料叠加花纹。
3.用厚的白色颜料勾提花纹细节。

小技巧：注意勾线的虚实变化和墨破色时对水的掌握！

我画了三只布老虎它有以黄蓝三种颜色画的代表吉祥的象征吉祥叫吉伽叫吉

王可沁 星期六 5月11日 二0一9年 立喜庆。思思是很伐美的意在古时候非常可爱色和红色的老虎是黄画的日正布今天我

17

漆艺臻品

古风漆器

漆器是中国具有民族特色和高度艺术成就的一种工艺美术品，通过雕刻、彩绘等工艺手段制成的日常器具及工艺品、美术品等，涂以高黏性、耐腐蚀的天然漆，具有悠久的历史。

●**欣赏感受：**了解漆器发展的历史以及漆器的相关工艺、风格和种类。

●观察发现：这些纹样的排列有什么规律？好看在哪里？

●观察发现：这些漆器主要有哪些色彩和纹样？带给你怎样的感受和联想？

创作方法一

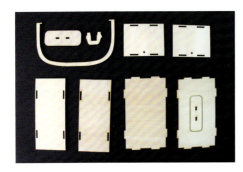  

1	2	3
4	5	
6		

1.材料准备：漆盒模型板一套。
2.插接成立体的漆盒造型。
3.平涂底色，黑、红、金皆可。
4.用细毛笔蘸黑色勾描纹样。
5.用细毛笔描金提色。
6.作品完成。

小技法：颜料完全干后，刷上一层水晶胶，使作品更有漆器的光泽感。

学生作品

创作方法二

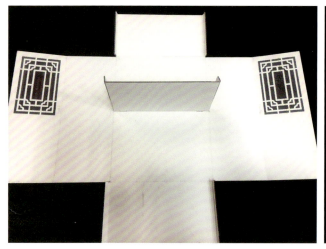
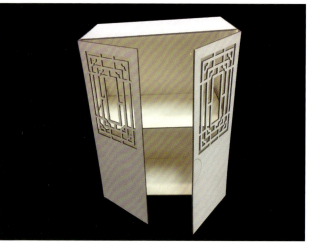

1	2
3	4

1.准备材料。

2.组装完成柜子基本造型。

3.刷上底色。

4.彩绘装饰并提金。

18

漆艺臻品

漆器食盒

食盒是盛放食品、食具或其他礼物的可提可挑的大盒子。漆器食盒造型简洁大方，装饰清新秀丽、技法多样，充分展现出漆器的魅力，衬托出食盒的典雅和富丽，演绎出漆器食盒艺术的形色之美。实用和审美相结合的漆器食盒，以其独特的质材美和工艺美带给使用者人情的温暖和精神的慰藉。

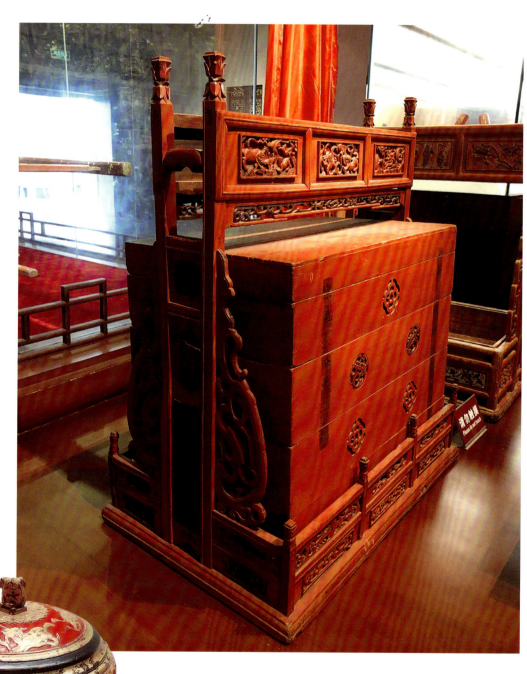

● **欣赏感受**：感受漆器食盒的材质和工艺之美，了解食盒的相关文化场景与风俗礼仪。

●观察发现：这些食盒的造型和表现手法有什么不同？你喜欢哪一个？为什么？

●观察发现：漆器食盒的纹饰主要有哪些？尝试用描金、粉彩等方式进行彩绘与装饰，可以大胆地吸收各种艺术形式中的纹样与表现方式。

创作方法

1	2	3
4	5	

1.材料准备：食盒模型板一套。

2.组装成食盒造型。

3.平涂底色，黑、红、金等皆可，也可装上五金配件。

4.用细毛笔彩绘纹样。

5.作品完成。

小技法：颜料完全干后，喷一层清漆，使其更具漆器的光泽感。

学生作品

19

漆艺臻品

描金漆器

描金漆器是中国传统漆器品种之一，使用了在漆器表面用金色描绘花纹的装饰方法。描金漆器一般的做法是，在漆器上先用金胶漆描绘花纹，趁它还没有完全干透时，把金箔或者是金粉粘上去。其精湛的技艺水平和不朽的艺术价值，充分体现了中国劳动人民的卓越才能和艺术创造力。

● **欣赏感受**：了解描金漆器的工艺和装饰方法，感受其独特的艺术风格和装饰趣味。

● 观察发现：你发现描金漆器的色彩搭配有什么特别的地方了吗？它们呈现出一种怎样的特别效果？

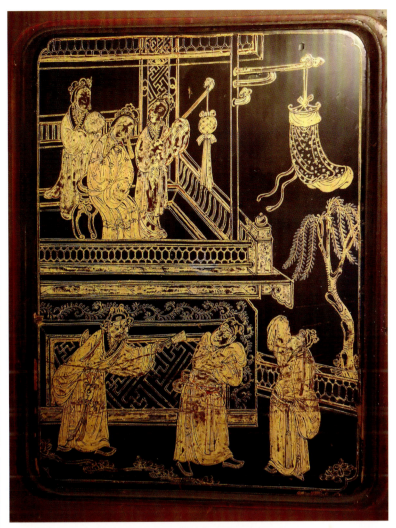

● 观察发现：描金漆器大多描绘的是什么内容的纹样？有特别的寓意吗？

创作方法

1	2	3
4		

1. 用铅笔在漆盘上画稿。
2. 用金色墨水勾画造型。
3. 用黑色墨水或黑色记号笔反加细节，完善不足。
4. 完成作品。

20

漆器妆奁

漆艺臻品

梳妆盒，古代叫"妆奁"。漆器妆奁古朴幽雅，体现了中国民间手工艺人的高超技术。中国传统造物追求"器以载道"的意境，妆奁的发展代表了不同时代、不同阶层的审美情趣与价值取向，是中国传统文化的重要组成部分。

● **欣赏感受：**了解漆器妆奁的历史演变与文化
背景，感受其装饰风格和样式特征。

●观察发现：妆奁上的纹样丰富多彩，大多表现了什么内容？它们的装饰手法有什么不同？

●观察发现：这些传统彩绘纹样，在不同时代有哪些特殊的寓意？它们是怎样巧妙地被运用到妆奁上的？

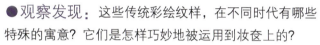

创作方法

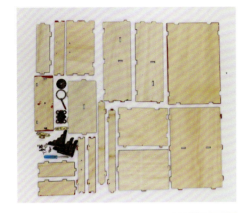  

1	2	3
4	5	

1.材料准备：妆奁模板一套。
2.插接组装成立体的梳妆盒造型。
3.平涂底色。
4.用没骨的方法画主体图案。
5.装饰花边，勾画细节。装五金件，
完成作品。

学生作品

21

经典陶瓷

彩陶神韵

早在距今七千年左右的半坡文化时期，陶上便出现了彩绘。彩陶艺术中融合了艺术家的各种创作思想、风格、语言，涌现出大批风格各异而又多姿多彩的艺术珍品，是我国珍贵的文化瑰宝。

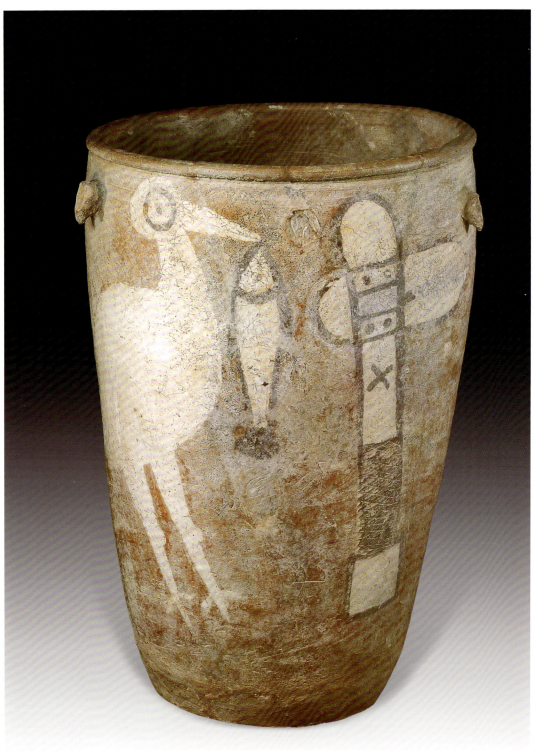

●**欣赏感受**：了解彩陶的文化与历史，感受彩陶的艺术语言和特点。

●观察发现：说说这些彩陶纹样的排列有什么规律。

●观察发现：想一想，古人为什么喜欢在彩陶上画这些图案？它们让你联想到什么？

创作方法

1 | 2 | 3
4

1.材料准备：彩陶模片一套。

2.用铅笔画出纹样造型，用厚牛皮纸剪出陶罐的外形或使用现成的陶罐模片。

3.用黑色记号笔勾画基本纹样。

4.用其他颜色的马克笔彩绘细节，完成作品。

学生作品

22

经典陶瓷

白地青花

青花瓷，又名"白地青花瓷"，常简称"青花"，属于釉下彩瓷。青花是中国极具民族特色的瓷器装饰，也是中国瓷器制造技术中的一种独特工艺手法。

● **欣赏感受**：了解青花瓷的发展历史，感受青花瓷的艺术特点和艺术魅力。

● 观察发现：你发现了哪些好看的纹样？器物的装饰纹样的布局有什么规律？说说青花瓷纹样的色彩带给你怎样特别的感受。

创作方法一：青花石

1	2	
3	4	5

1. 材料准备：将卵石涂白，晾干。
2. 选择蓝色马克笔勾画纹样。
3. 石头的四周都要添加纹样进行装饰。
4. 可用蓝色超轻泥添加立体的青花纹样。
5. 用蓝色立体颜料刻画细节。

创作方法二：青瓶福来

用厚白卡纸剪出青花瓷瓶的造型或直接用现成的模片，然后用蓝色马克笔或毛笔蘸蓝色直接彩绘纹样，注意色彩的深浅变化。

创作方法三：青花伞

在纸伞上用蓝色水粉颜料或粗头记号笔进行纹样彩绘。

创作方法四：青花旗袍贺卡

以旗袍贺卡为载体，用青花纹样（细毛笔勾勒，略有深浅变化）装饰，适合母亲节、妇女节等节日主题。

创作方法五：水墨青花

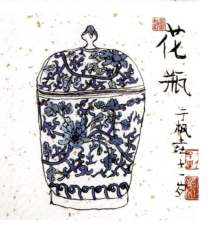

学生作品

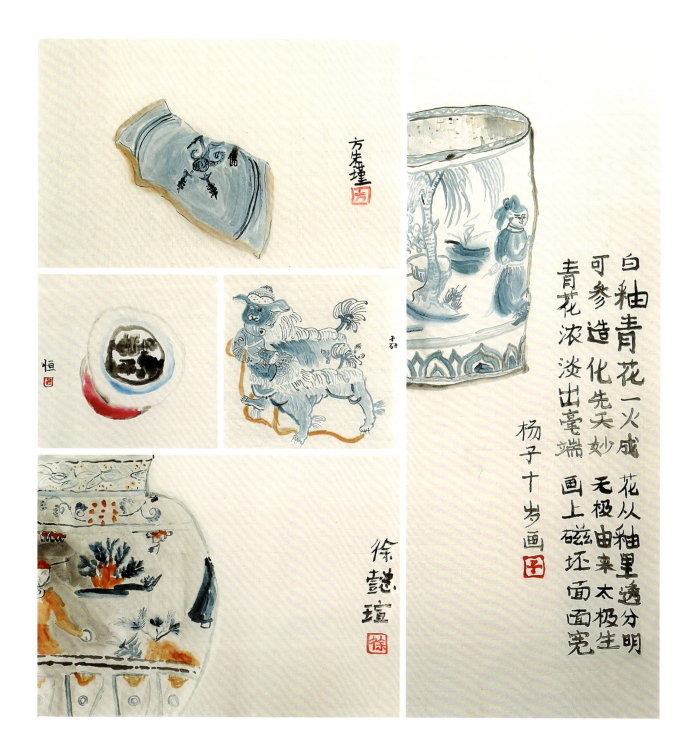

方先瑾

恒

子研

徐懿瑄

白釉青花一火成　花从釉里透分明
可参造化先天妙　无极由来太极生
青花浓淡出毫端　画上磁坯面面宽

杨子十岁画

23

经典陶瓷

珐琅彩瓷

景泰蓝俗称"珐琅",是一种在铜质的胎型上,用柔软的扁铜丝掐成各种花纹焊上,然后把珐琅质的色釉填充在花纹内烧制而成的器物。因其在明朝景泰年间盛行,且使用的珐琅釉多以蓝色为主,故后人称这种金属器为"景泰蓝"。

● **欣赏感受**:欣赏这些经典的景泰蓝作品,它们有怎样的艺术特点?它们带给你怎样特别的感受?

● 观察发现：这些景泰蓝作品的色彩有什么特别之处？景泰蓝中常用的纹样有哪些？

创作方法一：景泰蓝器皿

$$\frac{1 \quad | \quad 2}{3}$$

1.用厚白卡纸剪出器型或直接用模片，用黑色记号笔勾画纹样。

2.用马克笔填色（以蓝色调为主）。

3.适当添加对比色，用金色马克笔描金，完成作品。

学生作品

创作方法二：景泰蓝镜子

1	2	3
4	5	
	6	

1.用黑色记号笔勾出线稿。

2.使用粘丝胶按照线稿掐丝。

3.掐丝时需细致，集中注意力。

4.掐丝完成。

5.用固沙胶调和彩沙，用刮刀填彩沙。

6.刷上水晶胶，作品完成。

学生作品

24

经典陶瓷

雅致粉彩

粉彩瓷是在"珐琅彩"的基础上为了降低珐琅彩成本而演变创烧成功的又一种彩瓷。其独特的做法是用经过"玻璃白"粉化的各种彩料，在烧成的白釉瓷器的釉面上绘画，经第二次炉火低温烤制而成。粉彩的艺术效果秀丽雅致，粉润柔和。

●欣赏感受：了解粉彩瓷器的历史发展和工艺特点，说说其特有的艺术魅力。

● 观察发现：仔细观察粉彩瓷的纹样，你有什么特别发现？

粉彩瓷上有丰富多彩的纹样。

创作方法

 | 3
---|---
2 |

1.在厚白卡纸上剪出器型或直接用器皿模片，用黑色记号笔或签字笔勾线。
2.用毛笔蘸水彩颜料上色，注意图案颜色的深浅变化。
3.统整画面，完成作品。

小贴士：
注意纹样主次与位置的安排。

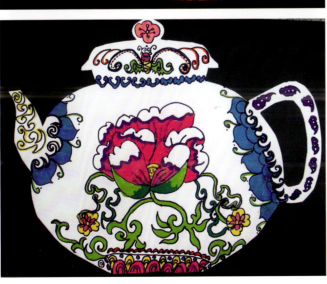

25

神秘面具

民间面具

中国民间面具艺术历史悠久，内容丰富，品种繁多，制作材料多样，绘制技巧精美，艺术构思奇特，文化内涵深厚。在悠久的历史中，与乐舞百戏、民间戏曲等相互交融，渗透发展，显得古朴、威严而神秘！

●欣赏感受：了解民间面具的历史与文化，感受其古朴神秘而威严的气势。

●观察发现：这些具有不同色彩与装饰的面具各有
怎样的意义？分别带给你怎样的感受？

创作方法一

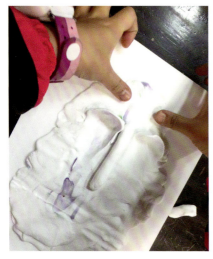

1.准备白色的超轻泥，用搓、压等手法塑造成一个脸的基本形。

2.用堆、捏、挖、刻、贴等各种手段大胆地对人脸进行装饰与刻画，注意夸张特点的表现。

3.用水粉或丙烯颜料上色，注意色彩的装饰与对比关系。刻画细节，完成作品。

学生作品

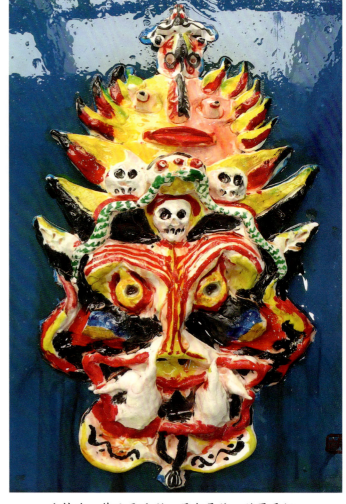

小技法：作品干后刷一层水晶胶，效果更好。

创作方法二

1.利用堆、捏、挖、刻等各种手段大胆做出面具的五官。
2.用泥条或陶艺工具深入表现细节，完成作品。

学生作品

26

社火马勺

神秘面具

民间社火马勺脸谱简称马勺脸谱，是在继承西府民间社火脸谱基础上发展而来的一种新兴的民间手工艺术品。人们将其悬挂于家中，用于扶正祛邪、镇妖降怪，表达祈福纳祥、招财进宝的美好愿望，深得人们喜爱。

●欣赏感受：了解民间社火与马勺的历史与文化，感受其装饰趣味以及在人们的生活中的运用。

●观察发现：这些马勺脸谱的造型和色彩有什么特点？表现的可能是什么角色？

●观察发现：比较社火与马勺的异同，理解纹样的夸张表现与装饰效果。

创作方法一

1.材料准备：社火模板与挂绳。用铅笔打稿，
画出装饰纹样。
2.水粉颜料上色，细节处选用细毛笔勾线。
3.穿好麻绳，完成作品。

学生作品

创作方法二

1.使用马勺白坯，以黑色记号笔打稿。
2.马克笔上色。上部穿上中国结或麻绳，完成作品。

学生作品

27

神秘面具

京剧头饰

京剧，被视为中国国粹。京剧作为中国非物质文化遗产，有着极高的文化价值，是展示、传播中国传统艺术与文化的重要媒介。京剧头饰是京剧表现人物角色的重要组成部分，包括人物的发型和戴在头上的各种饰物。

●**欣赏感受**：了解中国京剧艺术的发展，欣赏京剧表演与装饰，说说自己的理解与感受。

●观察发现：头饰上都有哪些装饰？具有怎样的视觉效果？

●观察发现：你知道脸谱上不同造型与色彩如何体现角色的性格吗？

创作方法

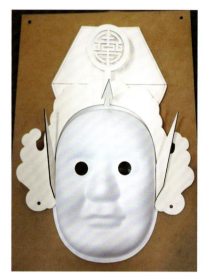

1	2
	3
4	

1.材料准备：纸面具、帽饰模板。

2.彩绘面具。

3.彩绘头饰。

4.用珠子、彩色绒球、流苏等综合材料装饰。
组合面具与帽饰，完成作品。

28

神秘面具

年画魁头

年画已不仅是节日的装饰品，它所具有的文化和艺术底蕴使它成为反映中国民间社会生活的百科全书。俗称的"魁头"，即所谓钟馗头像。"魁"为首领，"头"是第一位，有高上之意。

●欣赏感受：了解木板年画的文化与历史，感受年画魁头作品独特的艺术魅力。

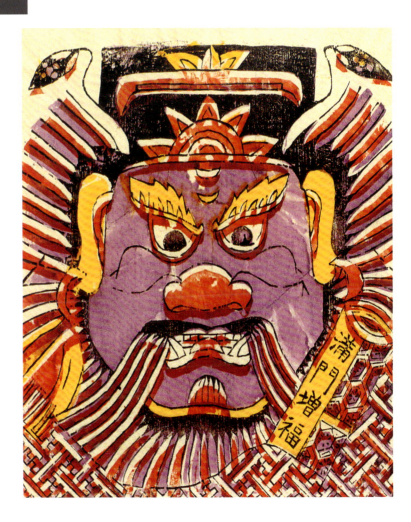

●观察发现：作品色彩的搭配有什么规律？

●欣赏感受：这些魁头作品中形象的表情和动作，为什么这样表现？

传统木板年画的步骤：起稿、雕版、调色、上色、印刷。

创作方法一

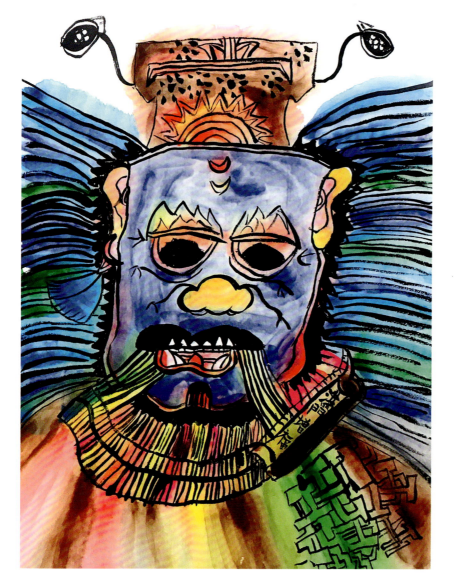

1	2	3
4		

1.用毛笔蘸墨勾勒出魁头的造型。
2.从脸部开始上色。
3.上色时注意魁头的色彩特征。
4.作品完成。

学生作品

创作方法二

1.勾线稿。

2.刻第一版留白部分。

3.印制最浅的黄色。

4.印好后，擦干净版，准备刻第二版。

5.刻第二版，留出黄色部分。印好后擦干净版。

6.刻好后再印草绿色，印好后擦干净，准备刻第三版。

7.刻第三版留草绿色部分，刻好后再印深绿色，印好后擦掉，准备刻第四版。

8.刻好第四版后印深红色，作品完成。

学生作品

29

传统金饰

金银饰物

金器是中国传统文化与艺术的重要载体。金是贵重的金属，具有延展性，易锤打成形，又有亮丽的天然光泽，且不易氧化变色，是制作工艺品的良好材料。我国用金的历史很长，从早商开始一直至今，几乎贯穿了整个中华民族的文明史。

●欣赏感受：了解有关金饰的历史与文化、制作工艺，说说金器的艺术特点。

●观察发现：这些金器好看在哪里？它们都运用了哪些工艺方法进行装饰？

创作方法

1	2	3
4		

1.用压痕笔在金色薄片上压出造型和基本纹样。

2.用剪刀剪出外轮廓，贴在现有的发簪上。

3.在余下的金片上刻压并剪出小装饰（如花朵、翅膀等），增加层次感。

4.用亮钻或珍珠等进行装饰。

学生作品

学生作品

30

苗族银饰

金银饰物

苗族银饰作为一种文化现象，在历史上曾被广泛青睐，成为多元文化交流的载体之一。苗族银饰可分头饰、颈饰、胸饰、首饰等，其多样的品种、奇美的造型与精巧的工艺，不仅向人们呈现了一个瑰丽多彩的艺术世界，而且也展示出一个有着丰富内涵的精神世界。

● 欣赏感受：苗族银饰以大为美、以重为美、以多为美，你发现了吗？

●观察发现：了解苗族银饰的工艺和纹样制作方法，想
一想，可以用怎样的技法和工具表现出这样的立体效果？
苗族银饰常会有哪些纹样？它们好看在哪里？

创作方法一

1	2	3	4
	5		

1. 在纸上设计苗族银饰纹样。

2. 把银片垫在图纸下面，用压痕笔刻画基本银饰轮廓，并刻压图案。

3. 可用压痕笔直接刻划细节处纹样。

4. 将刻好的银饰仔细剪下。

5. 将做好的银饰串起来，可用剩余的银片制作小挂件，作品完成。

创作方法二

用锡薄纸和银色卡纸制作的银饰。

1. 用白胶直接勾勒造型。

2. 撒上银粉。

3. 抖落掉多余的银粉，使银粉牢固地粘在白胶线稿上。

4. 待白胶稿干后上色。

学生作品

31

银饰挂锁
金银饰物

● 欣赏感受：了解长命锁的文化习俗与制作工艺，在纹样寓意中感受长辈对晚辈的美好寄望。

●观察发现：在这些长命锁繁复的花纹中，你发现了哪些纹样？为什么会出现这样的纹样？

创作方法

1	2	3
4		

1.材料准备：长命锁模板材料一套。

2.在模板上，用黑色超轻泥创作装饰纹样。

3.细节处可以用工具进行刻画。

4.用银色丙烯颜料轻刷黑色超轻泥，制造出银饰的效果。

穿上银链及铃铛，完成作品。

32

金银饰物

赤金点翠

点翠是中国传统的金属工艺和羽毛工艺的结合，先用金或镏金的金属做成不同图案的底座，再把翠鸟背部亮丽的蓝色羽毛仔细地镶嵌在底座上，从而制成各种首饰器物。

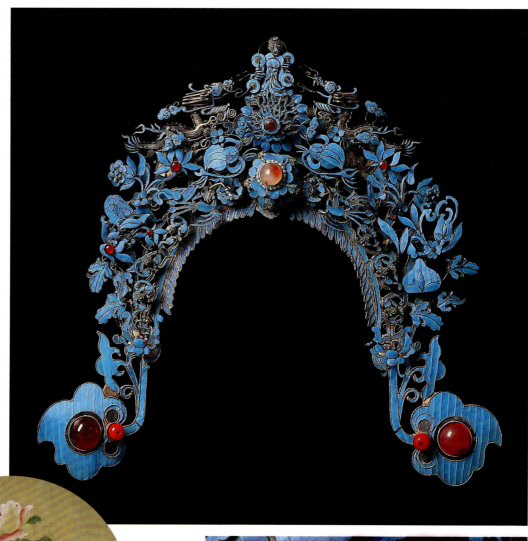

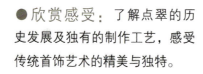

●欣赏感受：了解点翠的历史发展及独有的制作工艺，感受传统首饰艺术的精美与独特。

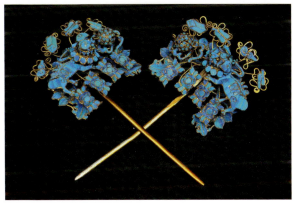

●观察发现：这些点翠首饰借用了什么造型与纹样？好看吗？蓝色的点翠和珠宝是怎样通过设计巧妙组合的？这样的色彩与材质搭配呈现出了怎样的效果？

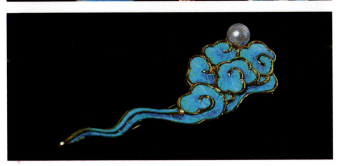

创作方法一

1.调中国画的三青色,笔尖蘸青蓝,
以没骨画法从中心画起。

2.逐步往外添加层次,勾勒造型。

3.用金墨表现首饰的局部细节,也可
用其他色彩点缀珠宝。

4.用花青或酞青蓝勾画羽毛的纹理,
使细节更生动。

5.作品完成。

学生作品

创作方法二

1	2	3
4	5	6
7		8

1.材料准备。

2.设计图案。

3.把羽毛裱拓在设计好的图案上。

4.掐丝剪下金片制作底托。

5.按照底托的形状,剪出点翠的羽毛。

6.把剪好的羽毛仔细地粘贴在底托上。

7.反面粘上发簪。

8.完成作品。

学生作品

33

青铜时代

鼎兽相映

青铜器是由青铜合金（红铜与锡的合金）制成的器具。中国青铜器制作精美，艺术价值高，代表着中国4000多年青铜发展的高超技术与文化历史，在世界青铜器中享有极高的声誉。

●**欣赏感受**：了解青铜艺术的发展史，感受中国青铜艺术的悠久历史与伟大成就。

●观察发现：这些青铜鼎的器型各有什么特点？带给你怎样的神秘感？

你认识这些青铜器上的纹样吗？看似复杂的纹样是由哪些简单的符号组成的？

创作方法一

1.用木片材料拼接成一个鼎的器型。
2.用黑色超轻泥做鼎的纹样，用粘贴、刻压等方法表现细节。
3.用金色和墨绿色丙烯颜料轻刷，做出古旧的青铜效果。
4.作品完成。

学生作品

创作方法二

1.用厚卡纸剪出青铜鼎的基本造型，粘贴在黑色底板上。
2.继续剪贴青铜细节纹样。
3.用小布包蘸青铜色颜料轻轻拓印出青铜古旧的效果。
4.作品完成。

学生作品

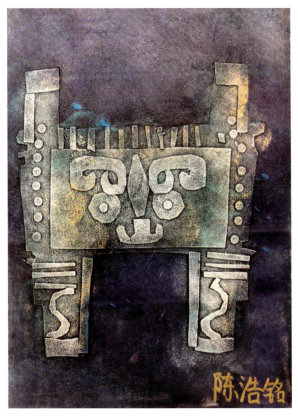

34

古韵编钟

青铜时代

编钟由大小不同的扁圆钟按照音调高低的次序排列起来，悬挂在一个巨大的钟架上，用丁字形的木槌和长形的棒分别敲打铜钟，能发出不同的乐音。因为每个钟的音调不同，按照音谱敲打，可以演奏出美妙的乐曲。

● **欣赏感受：** 了解编钟的悠久历史及其在乐器中的地位，感受其造型的精美与气势，以及其纹饰特点。

●观察发现：你发现编钟上有哪些特有的纹样？它们是怎样与编钟造型完美融合的？

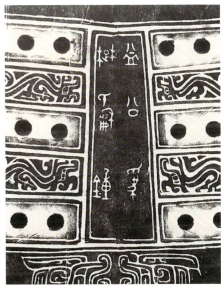

创作方法

1.利用纸模做出编钟的立体造型，并用超轻泥做基底。

2.用黑色超轻泥做出编钟上的纹样。

3.用金色和墨绿色丙烯颜料轻刷，做出古旧青铜的效果。

35

神秘三星

青铜时代

　　三星堆古遗址位于四川省广汉市西北的鸭子河南岸，遗址中出土的文物是宝贵的人类文化遗产，在中国的文物群体中极具历史、科学、文化与艺术价值，是最富观赏性的文物群体之一。

● 欣赏感受：了解三星堆文物的历史文化和艺术特色。欣赏三星堆文物，说说它们带给你怎样与众不同的感受。

● 观察发现：三星堆文物的造型
与色彩有什么特别的地方？你能用
自己的语言进行描述吗？

创作方法

1	2	3
4		5

1.在光面卡纸上用高级灰的水粉颜料涂抹背景。

2.用保鲜膜压一压、揉一揉，制造肌理效果。

3.撕去覆盖的保鲜膜，等颜料干透。

4.用重彩油画棒画出三星堆中器物的黑白灰关系。

5.撕出一个不规则图形，贴在另一张高级灰的纸上，作品完成。

学生作品

36

砖石雕刻

画像砖刻

画像砖起源于战国时期，盛行于两汉，多在墓室中构成壁画，有的则用在宫殿建筑上。画像砖是用拍印和模印方法制成的图像砖。迄今发现的数千块画像砖真实形象地记录和反映了当时社会的面貌和意识形态等的变化。

●欣赏感受：了解画像砖的历史文化和题材内容，说说它的表现手段与艺术特点。

●观察发现：研究画像砖的图案，发现它主要表现了哪些题材？在造型、构图等方面有什么特别的地方？

创作方法

1	2	3
4		

1.在白底胶板上用记号笔打稿，分出黑白块面。
2.用热熔笔或刻刀把留白处去除，注意刻痕的表现。
3.雕刻完成后，用滚轮蘸油墨上色。
4.用宣纸轻轻地拓印，完成作品。

学生作品

37

秦砖汉瓦

砖石雕刻

瓦当艺术是古代建筑设计与生产工艺相结合的装饰艺术。瓦当本是中国古代建筑中的一个小小构件，然而匠师们却以自己精湛的技艺，在这样一方小小的图形空间里，创造了丰富多彩的艺术天地。

● **欣赏感受**：你知道中国从什么时候开始有瓦当艺术吗？瓦当上都有什么纹样？古人为什么喜欢这些纹样？

●观察发现：你能从瓦当中感受到历史的气息吗？从哪里感受到的？

●观察发现：你感受到瓦当纹样有怎样的结构美？瓦当纹样的空间分割有怎样的规律？

创作方法一

1.用线刻好构思，然后下刀雕刻，注意图案的凹凸关系。

2.雕刻出大致的图案。

3.细节雕刻。（可以擦赭石、墨汁或金色做出古旧的效果，或者入窑烧制。）

创作方法二

 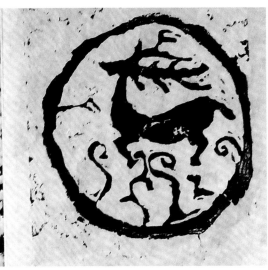

在白底胶板上用记号笔打稿。然后用热熔笔或刻刀把留白处去除，注意刻痕的表现。雕刻完成后，用滚轮蘸油墨或丙烯颜料上色。最后，用宣纸轻轻地拓印，完成作品。

学生作品

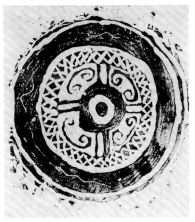

38

鱼纹砖痕

砖石雕刻

鱼纹砖，有的写实细腻，头、尾、鳍、鳞刻画入微；有的简化抽象，用对称的图案表现，展现了实用性和艺术性的完美统一。人们使用鱼纹砖表达对富裕生活的美好向往，以及一家和和美美、年年有余的美好夙愿。

●**欣赏感受：**了解鱼纹砖的文化寓意及造型特点，感受其艺术性与实用性的完美统一。

●观察发现：欣赏这些不同造型的鱼纹砖，用关键词概括你的感受。

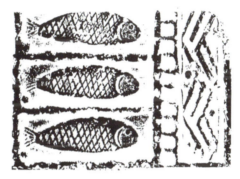

●观察发现：鱼纹砖的线条与一般画笔画出的线条一样吗？说说它特别的地方。这些鱼纹砖的空间安排好看吗？你也试试。

创作方法

1	2	3
	4	
	5	

1.在白底胶板上用记号笔打稿，分出黑白块面。

2.用热熔笔或刻刀把留白处去除，注意刻痕的表现。

3.雕刻完成后，用滚轮蘸油墨滚印上色。

4.用宣纸轻轻地拓印。

5.完成作品。

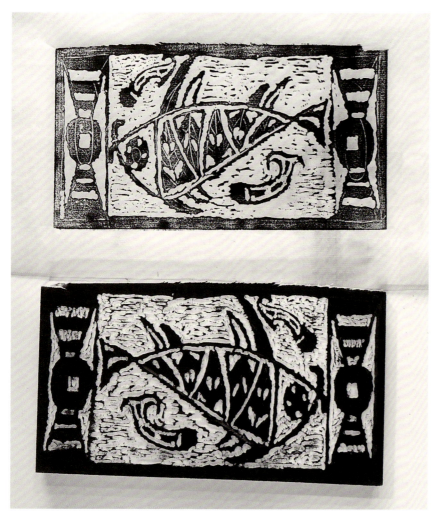

学生作品

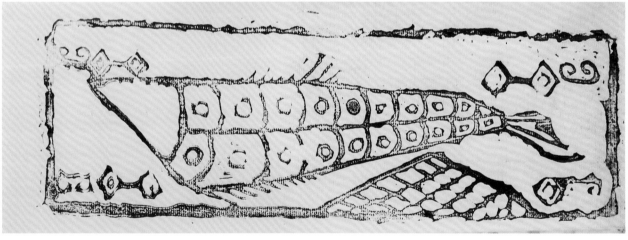

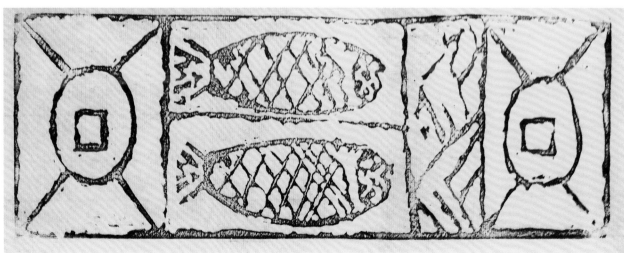

39

良渚古玉

砖石雕刻

良渚文化的代表性遗址为良渚遗址。该遗址最大的特色在于出土的玉器。良渚玉器以琮、璧、钺居多，造型宏大雄浑，风格严谨深刻，纹饰以神秘莫测的神人兽面引人入胜，阴线雕刻和浮雕完美结合。

● **欣赏感受**：了解良渚文化的历史源流，感受良渚玉器在材质、色彩、造型、纹饰等方面的特征，理解良渚文化独有的考古意义与艺术价值。

●观察发现：说说这些不同的良渚玉器的造型特征，猜猜它们有什么用途。

●观察发现：良渚文化时期的器物常有一个共同的神秘纹样，被称作"神人兽面纹"，这些纹样给你怎样的感觉？想一想，古人是如何雕刻的？

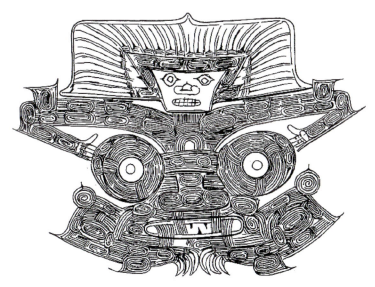

创作方法

1.用毛笔中锋勾线造型，注意墨色的变化。

2.用枯笔皴擦出古玉的质地和明暗。

3.淡墨晕染玉石的质地，形成独有的气韵。

4.压印，完成画面。

学生作品

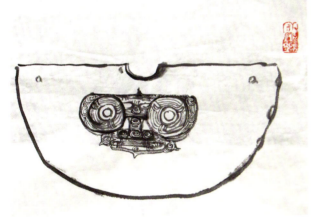

40

民间捏塑

面塑花馍

面塑，俗称面花、礼馍、花糕、捏面人，为传统民俗艺术之一。它是仪礼、岁时等民俗节日中作馈赠、祭祀、喜庆、装饰之用的信物或标志，是一种由风俗习惯积淀成的极有代表性的中国传统文化。

●**欣赏感受**：了解面塑的文化习俗、艺术特色与制作方法，感受民间艺术的美好与喜庆。

●**观察发现**：人们为什么要做面塑？你在哪里能看到？

●**观察发现**：面塑常有怎样的造型与纹样？它的色彩带给你怎样的情绪体验？想一想，可以用哪些雕塑技法来塑造这些好看的造型与纹样？

创作方法一

1	2	3
4		
5		

1.材料准备：老虎模板一块，也可用厚卡纸剪出造型。

2.在底板上粘贴超轻泥。

3.通过雕刻、按压各色超轻泥进行纹样装饰。

4.增加细节，借助小工具进行纹样装饰。

5.作品完成。

创作方法二

1	2	3
4	5	

1.用白色超轻泥或白面捏出基本造型。
2.用刻、剪等方法进行纹样的精细装饰。
3.用水性颜料或可食用色素上色。
4.完成作品。

 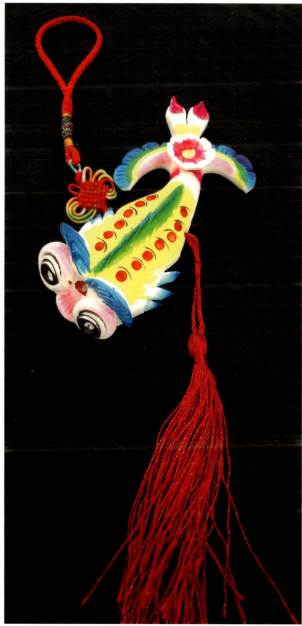

学生作品

41

泥挂虎是一种传统民俗装饰品，是用泥土在纸浆模中翻制而成，胎体很薄，色彩鲜艳。泥挂虎寄托了劳动人民对于祛邪、避灾、祈福的美好愿望。

民间捏塑

民俗挂虎

●**欣赏感受：**了解挂虎的历史与文化，理解
与感受人们借泥挂虎形象对美好生活的向往。

●观察发现：比较真实老虎和泥挂虎，说说它们的相同与不同点。

●观察发现：在泥挂虎上，你发现了哪些有意义的花纹？它们有什么寓意？泥挂虎的色彩搭配有什么规律？

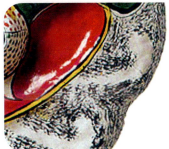

创作方法

1	2	3
4		5

1.材料准备：利用模片造型，装弹簧，连接小动物。

2.用超轻泥堆塑出立体虎面的效果。

3.用毛笔蘸水性颜料进行彩绘。

4.用黑色进行细致刻画。

5.连上中国结和流苏，完成作品。

42

瓯塑彩雕

民间捏塑

瓯塑，俗称彩色油泥塑，又称"彩色浮雕"，是浙江温州独有的民间艺术，地方传统工艺美术之一。"瓯塑"与"黄杨木雕""东阳木雕""青田石雕"并称"浙江三雕一塑"。

●**欣赏感受**：了解瓯塑的历史源流及其在生活中的运用，理解其独有的工艺手段与表现方法，树立传承意识。

●观察发现：这样的艺术表现手法
给你怎样特别的艺术感受？作品呈现
出了怎样的独特效果？

●观察发现：了解瓯塑的浮雕技
法和用色特点，说说自己的发现。

创作方法

1.用水粉或丙烯颜料涂画背景色。

2.用超轻泥捏塑浮雕造型，雕刻细节。

3.用水粉上色，注意色彩的对比与协调。

4.上水晶胶固化。

学生作品

43

民间捏塑

鱼形挂饰

"年年有余"是年年有鱼的谐音，可谓中国传统吉祥祈福中最具代表性的语言之一。而"年年有余"图则可看作是传统吉祥符号。

●欣赏感受：了解中国的吉祥作品中的莲和鱼皆为谐音，即意为"连年有余"，代表人们希望生活每年都有多余的财富及食粮。

●观察发现：这些鱼造型上都有
哪些有趣的纹样？这样装饰的鱼给
你怎样特别的感觉？

●欣赏感受：还可以用哪些好看的纹样和色彩进行装饰？

创作方法一

1.准备鱼形木片。

2.上底色。

3.用超轻泥做图案装饰。

4.串珠连结，完成作品。

学生作品

创作方法二

1	2
3	

1.用记号笔勾出图案。
2.彩绘上色。
3.用立体笔进行装饰。

学生作品

学生作品

44

彩绘土灶

创绘艺术

灶是在人类把火引进自己的居所后产生的。民间艺人以灶头为载体，在灶壁的各个部位绘制图案，又称"灶画""灶壁画"。由于灶头的构造不同，灶头画所呈现的艺术效果亦不尽相同，充满纯真、淳朴的乡土艺术气息。

●**欣赏感受**：了解灶头画悠久的历史，欣赏灶上的绘画作品，了解其表现内容与风格。

● 观察发现：以前的人们为什么喜欢在灶头上画这些图案？

● 观察发现：你知道这些灶头画表现的故事吗？

你还看到了哪些装饰纹样呢？

创作方法

$\dfrac{1\ |\ 2}{3}$

1.用泥或纸板塑造基本形状。

2.用白色涂底色或用白色宣纸糊底。

3.待干后在上面描绘花纹，成品完成。

学生作品

45

创绘艺术

黑瓦白墙

江南民居的建筑特点是黑瓦、白墙、砖石木构。江南水乡民居多傍河道而筑，桥是连通两岸旱街的纽带，各式桥型亦是水街特有的景观。起伏不断的马头墙，交相辉映的黑瓦白墙，如一幅水墨画卷。

● **欣赏感受：** 感受黑瓦白墙独特的建筑之美、意境之美。

●**观察发现：**江南民居建筑黑瓦白墙的朴素、和谐、古雅、
内韵，带给了我们无限的联想与美好的感受！

●**欣赏感受：**艺术家是如何用中国画的笔墨来表现黑瓦白墙的？

创作方法

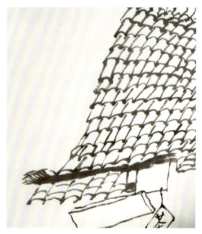

　　用勾线、皴擦、晕染等水墨方法，图片写生江南民居的黑瓦白墙。（可以画整体也可以画局部。）然后，组合拼装，完成立体作品。

学生作品

46

创绘艺术

绘小红人

民间剪纸是中国古老的传统民间艺术。它历史悠久，风格独特。剪纸是一种镂空艺术，其在视觉上给人以透空的感觉和艺术享受。 作为民间剪纸中经常出现的一种式样，包含多种祈禳含义，如祈福、送病等。

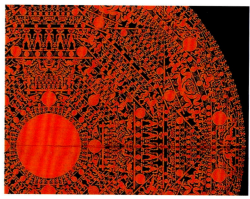

● **欣赏感受：** 欣赏"小红人"作品，感受其艺术思想与表现意义。

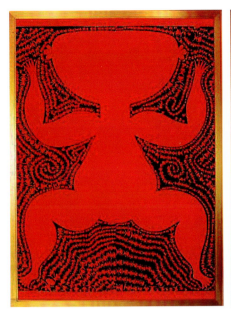

● **欣赏感受**：你喜欢这个"小红人"吗？它会让你想起什么？

● **观察发现**：在这些"抓髻娃"剪纸作品中，你发现了"小红人"的影子了吗？还发现了哪些有趣的形象？为什么要剪这么多有趣的形象？

创作方法

用厚卡纸对折剪出小红人形状，或用现成的板材创作。用水粉颜料或记号笔进行彩绘装饰。

小技巧：多个"小红人"作品可拼组成装置艺术作品

纹样借鉴

学生作品

47

创绘艺术

剪花娘子

库淑兰被誉为"剪花娘子",是杰出的中国民间剪纸艺术代表人物之一。其剪纸构图大胆、人物形象饱满、色彩鲜丽,受到了艺术界关注。以库淑兰为代表的彩贴剪纸已被列入国家级非物质文化遗产保护名录。

●**欣赏感受:**库淑兰的剪纸好看吗?好看在哪里?作品中都有什么形象与故事?

●**观察发现**：库淑兰剪纸作品中的纹样和色彩有怎样的规律和特点？是用怎样的方法进行剪贴的？

创作方法一

1.剪主体的基本形以及大面积的装饰物。

2.用剪纸套色和叠加的方法装饰。

3.剪出细节装饰物，并逐层粘贴。注意块面的大小和颜色对比搭配。

学生作品

创作方法二

用超轻泥制作立体的库淑兰剪纸也很不错哦！
可用于装饰墙面、环境设计。

48

创绘艺术

剪花提包

最炫民族风成了时尚潮流，中国元素走向世界。以中国的传统元素为灵感，时尚圈有了设计的新思路，许多现代提包设计融合了众多民族民间美术元素而备受人们的喜爱。

●**欣赏感受**：了解中国传统元素在现代提包上的运用，感受生活的时尚与潮流。

●**观察发现**：你最喜欢哪一个提包？为什么？这些提包上有怎样的民族纹样？它们是怎样构成和排列的？

●观察发现：剪花娘子库淑兰的作品有怎样的风格特点？你能将其作品的纹样、色彩搭配方法运用于现代的提包设计中吗？

库淑兰剪纸作品中的设计元素。

创作方法

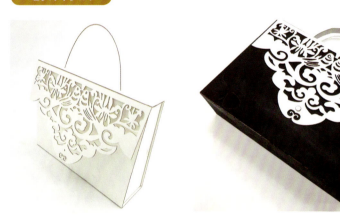

1	2	3
4		

1.折、粘纸提包模型。
2.水彩平涂包身的颜色。
3.对提包上的镂空纹样进行彩绘。
4.将库淑兰剪纸纹样的元素运用于整体
设计上，完成作品。

学生作品

49

古代帛画

创绘艺术

帛画是中华民族的瑰宝。帛是一种白色的丝织品，帛画的色彩用的是朱砂、石青、石绿等矿物颜料绘就，丰富而鲜艳。最为人熟知的是马王堆一号汉墓帛画，从上到下分为三个部分，分别描绘的是天上、人间和地狱，以表现神人共处的神话世界。

马王堆一号汉墓帛画 局部

●**欣赏感受**：了解帛画的历史与文化，感悟马王堆汉墓帛画的艺术特点与魅力。

马王堆一号汉墓帛画

● **观察发现**：观察马王堆汉墓出土的T形帛画，说说帛画的内容和人物造型。

天上

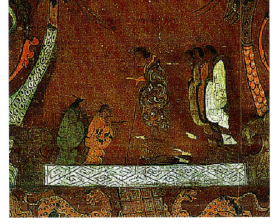
人间

地下

仔细观察这些帛画中形象的线条与着色方法。

马王堆汉墓帛画 局部

战国龙凤帛画与局部

人物御龙帛画局部

225

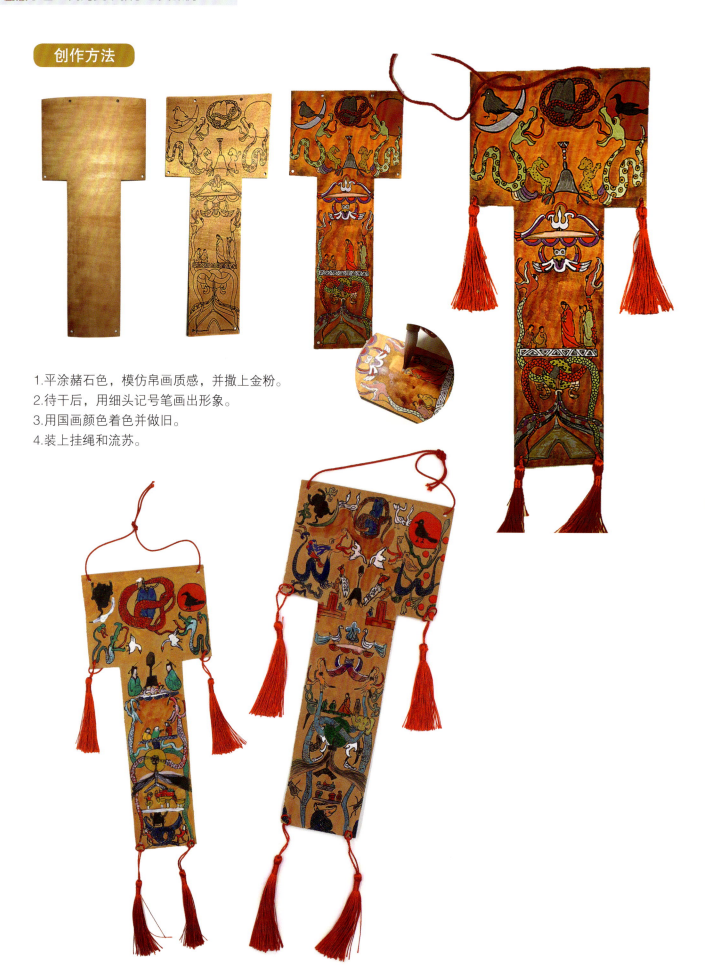

创作方法

1.平涂赭石色，模仿帛画质感，并撒上金粉。

2.待干后，用细头记号笔画出形象。

3.用国画颜色着色并做旧。

4.装上挂绳和流苏。

学生作品

50

家具杂什

宫廷花灯

宫廷花灯又称宫灯，是中国彩灯中极富特色的传统手工艺品之一，主要以细木为骨架，镶以绢纱和玻璃，造型多为八角、六角、四角，各面画屏图案内容多为龙凤呈祥、福寿延年、吉祥如意等，具有浓厚的地方特色。

●**欣赏感受：**了解宫灯的发展历史、制作工艺和艺术特色，说说生活中宫灯的应用。

火把   油灯   灯笼   彩灯   台灯

●观察发现：了解灯的演进，你有什么发现？

●观察发现：宫灯
常常有好几个面，都会
画些什么内容？它们之
间有什么联系吗？

创作方法

$\frac{\begin{array}{c|c} 1 \\ \hline 2 \end{array}}{}$ 3

1.利用现成模板材料包。粘贴宣纸。

2.进行水墨创作。

3.拼搭成型。

学生作品

学生作品

51

古典画屏

家具杂什

画屏就是用图画装饰的屏风。我国古代的屏风工艺精湛，用料讲究，风格各异。古典屏风运用浮雕、透雕、彩绘、镶嵌等手法，把山水花鸟画、飞禽走兽、民俗风情、神州传说、金石墨宝等图案鬼斧神工般移植到屏风上。

● 欣赏感受：了解画屏的历史文化与风格种类，说说画屏在生活中的意义。

●观察发现：画屏都有哪些不同的款式？屏风画的内容非常丰富，都有哪些内容？

●观察发现：艺术家为什么喜欢用画屏来展示自己的作品？

创作方法

用水墨或彩墨构思创作水墨小品，注意作品的构图与笔墨关系。把画夹入现有的画屏材料中，用胶粘合固定。

学生作品

52

家具杂件

中国古扇

扇子是引风用品，夏令必备之物。中国传统扇文化有着深厚的文化底蕴，是中华民族文化的一个集成部分，它与宫廷雅事、文人情怀、百姓生活有着密切的联系。

● **欣赏感受**：了解古扇的历史文化与形式材质，欣赏其造型及扇面的书画艺术。

扇子的种类非常多。按形式分，有团扇和折扇；按材质分，有檀香扇、羽毛扇、纸扇等。

●观察发现：艺术家是如何根据扇面形状进行巧妙构图的？

扇面有着丰富的表现题材。

创作方法

$$\frac{1 \quad | \quad 2}{3}$$

1.用没骨法画花和叶。

2.从内往外画出花盛开的样貌，注意花颜色的深浅变化。

3.用白色勾画花蕊，以深色画叶脉，题字，盖章，完成作品。

53

家具杂什
十里红妆

"十里红妆"是一种传统婚俗，蜿蜒数里的红妆队伍一般从女家一直延伸到夫家，浩浩荡荡，仿佛是一条披着红袍的金龙，洋溢着吉祥喜庆，炫耀着家产的富足，故称"十里红妆"。

● **欣赏感受**：了解十里红妆的婚俗文化，感受十里红妆器物的华美与喜庆。

●观察发现：你认识十里红妆队伍中的这些角色吗？

想一想，如果让你来美化他们，你会画上什么好看的纹样？

●观察发现：从这些剪纸人物上的纹样装饰中，你得到了什么启发？

创作方法

　　利用现成模片或在厚卡上剪出人物造型；用黑色在人物与器物上进行纹样装饰和描绘。然后用金色提亮纹样。最后将完成的造型插到底板上，完成场景装置作品。

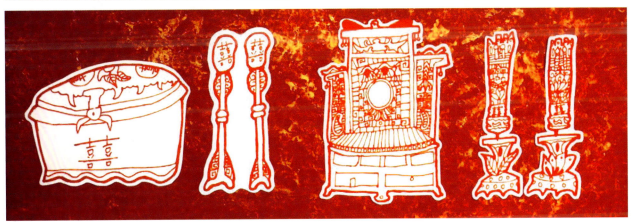

后　记

　　民间美术凝聚着中华民族的聪明和智慧，如何传承和弘扬民间美术文化已经成为中小学美术课堂教学中一个值得研究的课题。将民间美术融入美术课堂，以课程教学的方式让孩子走进传统，亲近经典，在一种特别的形式与创意的教学中实现民族文化的传承与创新，这将是当今美术教学改革的一个必然趋势。

　　本书精选了众多优秀课例，并收集了近百种课堂指导创作方法，汲取和借鉴优秀的民间美术艺术形式，在传承中国传统民间美术艺术的基础上，从青少年不同阶段的心理发展特征入手，在现代中小学美术课堂教学中进行创新实践研究，从而激发学生学习民间美术的兴趣，培养其创新能力，提高美术素养。

　　此书的完成离不开编委们的智慧和心血，离不开众多师长和友人的关心、支持及帮助。

　　首先要感谢我的恩师兼此书的学术顾问朱国华老师，从挑选课题到构思架构、作品筛选、文字校对等诸多环节都离不开他的指点，感激之情藏记于心。

　　其次，此书有幸得到我大学老师现为中国美术学院艺术管理与教育学院院长黄骏教授的点评指导，在这里一并致以深深的谢意。

　　最后，本书是编委会全体成员集体智慧的成果，除已列出的主要编写者和参与者外，有些图片和学生作品因无法找到原作者所以没有署名，敬请谅解，同时深表谢意。

　　希望本书对促进民间美术融入中小学美术课堂，能起到抛砖引玉的作用，并带给大家带来一点启发和想象。